开动脑筋答题吧！

米小圈益智系列

米小圈脑筋急转弯第二辑

米小圈脑筋急转弯

密码大发现

北猫 编著

四川少年儿童出版社

密码大发现

今天我和铁头一起吃午饭的时候，教室的小广播响了起来：

“各位同学，大家请注意：我们学校的名侦探社团将于今天最后一节自由活动课时举办一场别开生面的推理大赛，欢迎同学们前来参加。活动的报名地点就在下面的数字谜题里，有兴趣的同学请拿笔记录……”

“这个活动一定很好玩。”铁头赶紧放下手里的鸡腿，找来纸和笔，认真地记录起来。

小广播里播放道：“请根据 2、12、30，推理出后面的数字。报名的地点就和这个数字有关。”

2 12 30 (?)

铁头拿着题，对我说："米小圈，你快帮我算算这道题，我们一起去参加推理大赛。"

我拒绝了铁头："铁头，你自己去吧，自由活动课时我要去踢球。"

铁头央求道："米小圈，我求你了！我特别想参加这个活动。我们是铁哥们儿，你就和我一起去吧！"

"铁头，真的不行！我都和人家约好了。"我再次拒绝了铁头。

这时，小广播又响了起来：“同学们，刚才我漏了一句话：参加推理大赛，通关者可以获得奖品，第一名的奖品是一整套的《推理之王》漫画书。”

“什么？漫画书！铁头，你说得没错，作为你的铁哥们儿，我当然得陪你去。”

“米小圈，我看你是那套漫画书的铁哥们儿吧！”

“铁头，难道你不想要漫画书吗？”

“当然想要啊！”

“那还不赶快把题拿给我。”

铁头把题放在桌子上，我俩看着一堆数字犯起了难。

我挠着头，说着：“括号里到底该填什么数字呢？这些数字到底……”

铁头一拍桌子：“哼！这么想太麻烦了，我有办法了！”

铁头说完，转身跑出了教室。我完全没明白铁头要去干吗。不管他了，为了得到那套《推理之王》漫画书，我继续开动脑筋。

“这些数字一定有什么规律，到底是什么规律呢？”

车驰正巧从我旁边路过，瞥了一眼纸条，随口说道："乘法。"

哎呀！我突然明白了。没错！就是乘法。

$1 \times 2 = 2$

$3 \times 4 = 12$

$5 \times 6 = 30$

按照这个规律，接下来就应该是 $7 \times 8 = 56$。答案就是 56，也就是五年级六班。

这时，铁头气喘吁吁地跑了回来：“米小圈，我知道答案了。是在五年级六班举办推理大赛。”

“铁头，你可以啊！这么难的题你出去跑一圈就想出来了。”

铁头说：“想什么想呀！我从一楼跑到五楼，发现五楼的五年级六班门口站满了人。”

“啊？铁头，你居然能把智力题变成体力题。我佩服死你了。”

“等我们得到漫画书时，你就更佩服我了，快走吧！”

我和铁头一起来到了五年级六班。门口有一个报名处，铁头和我报了名，然后走进教室。

这时，名侦探社团的团长何毕走上讲台，说道：“各个班级的同学，大家好！欢迎大家参加推理大赛。各位同学能推理出活动是在五年级六班，说明大家都是爱动脑筋的推理高手。”

我偷偷指着铁头，嘀咕着：“他是个例外。”

何毕接着说道：“这一次比赛，需要大家闯过三关。三关之后，会有一个密码箱，只要你们能把密码箱打开，就可以获得奖品了。第一个闯关成功的人可以获得一整套的《推理之王》漫画书。大家赶快开动脑筋，开始闯关吧！”

我和铁头第一时间跑出教室。我们要赶在最前面答对所有的题，获得漫画书。

跟着指引标志，我们来到第一关——五年级一班的教室。门口的守关人竟然是我的表弟大牛。

大牛高兴地说：“小圈哥、铁头哥，你们竟然也来参加比赛了。”

铁头着急地说：“大牛，别废话了，快把第一关的题给我们吧！”

大牛拿着一个本子，对我们说："你们要想过我这一关，必须把我本子上的这些脑筋急转弯题全部回答出来。"

"什么？脑筋急转弯！这可是我的强项啊！"

大牛在一旁泼了我一盆冷水："小圈哥，这些脑筋急转弯题可是我精心准备的，你未必能都答对哟！"

“哼！大牛，你瞧着吧！”

大牛说道：“小圈哥，请听题。”

同学们，小朋友们，我和铁头即将对第一关发起冲击。怎么样，你准备好了吗？和我们一起闯关吧！

答题

第一关

第 1 题

一只猴子去海滩游玩，为什么它身后的足迹是一条线?

答案

因为它骑的自行车。

你答对了吗？

第 2 题

为什么一本书放在地上，你却跨不过去？

答案

因为它被放在了墙角。

你答对了吗？

第 3 题

一百减一。（打一字）

答案

白。

你答对了吗？

第 4 题

铁头的爸爸什么时候像个孩子?

答案

在铁头的爷爷面前。

你答对了吗？

第 5 题

小圈妈把一头漂亮的长发剪短了，可是为什么回到家里却没有人发现？

答案

因为家里没有人。

你答对了吗？

第 6 题

叔叔家一共有五个儿子，这五个儿子又各有一个妹妹，那么，叔叔家一共有几个子女？

答案

六个。

你答对了吗？

第 7 题

有一个家庭，有五个孩子，只有一半是女孩，请问这个家庭有几个男孩？

答案 四个男孩，“一半”是女孩的名字。

你答对了吗？

第 8 题

一个警察的儿子从来不喊这个警察“爸爸”，为什么？

答案

因为这个警察是他妈妈。

你答对了吗？

第 9 题

什么东西虽然是假的，但是还是有人愿意买？

答案

假牙或假发。

你答对了吗？

第 10 题

偷什么不犯法？

答案

偷笑。

你答对了吗？

第 11 题

在什么情况下，0 大于 2，2 大于 5?

答案 在玩“石头、剪刀、布”的情况下。

你答对了吗？

第 12 题

一座桥，桥下限高 10 米，一条船加上货物，出水高度却有 10.1 米，该怎么做才能让它顺利从桥下通过？

答案

往船上加一些石头。

你答对了吗？

第 13 题

哪个数字倒立过来后会增加一半?

答案

6。

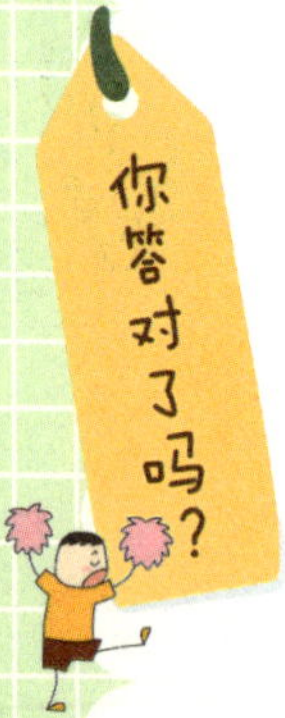

第 14 题

什么时候，时代广场的大钟会响十三下？

答案

该修理的时候。

你答对了吗？

第15题

为什么大家都喜欢坐着看电影?

答案

因为站着看，脚会酸。

你答对了吗？

第16题

数字 2、4、6、7、8 前面应该填写什么？

答案 门前大桥下，游过一群鸭。快来快来数一数，二四六七八。

你答对了吗？

第 17 题

1256789，是什么成语？

答案

丢三落四。

你答对了吗？

第 18 题

数字 10 有两个形影不离的好朋友，分别是哪两个数字？

答案

8和9，因为八九不离十。

你答对了吗？

第一关过后

在我的努力下，在铁头的鼓励下，在大牛的刁难下，我们把第一关的脑筋急转弯题全都答了出来。

大牛显然很失望，因为他的脑筋急转弯题对我来说实在是太简单了，呵呵。

大牛说：“小圈哥，你先别得意，我这儿还有一道题，答对了才能把线索给你们。”

我不以为然地说：“大牛，你的题都没什么难度，快出题吧！”

“哼！马上你就知道有多难了。我这里有 8 根小木棍，要求你拼出 11 个三角形。”

铁头接过小木棍，我们赶快在桌子上拼了起来。可是怎么拼也拼不出 11 个三角形。

这时，铁头说了一句非常重要的话：“哼！为什么非要拼三角形？我不拼了！”

“等一下，铁头，你说什么？”铁头的话让我脑中灵光一现。

“我说我不拼了。”

“前面那句话。”

“前面说的是：为什么非要拼三角形。”

我一下子明白了：铁头说得对，为什么非要拼三角形？也可以拼数字啊！

我赶快改变拼法，果然拼出了“11 个三角形”。

大牛这回彻底失望了：“好吧，好吧，你们赢了。去下一关吧！”

“明白了。大牛，等我赢得了《推理之王》漫画

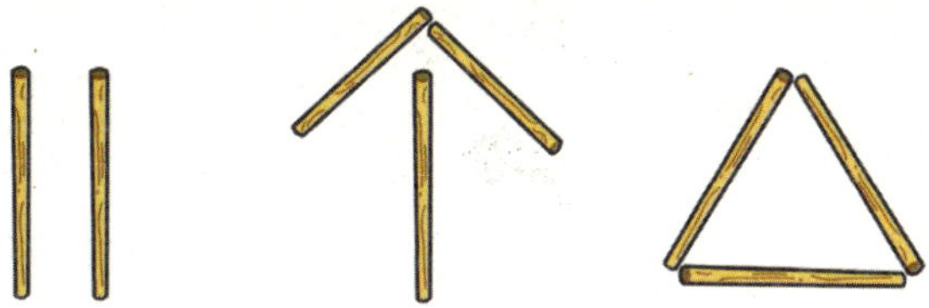

书，借给你看。”

“真的？小圈哥，你一定要赢啊！”大牛一下子又高兴起来。

我和铁头离开了大牛，来到了第二关的教室。你们猜，这一关的守关人是谁？他就是我的同班同学王聪聪。

王聪聪说：“哎呀！米小圈、铁头，你们竟然闯过了第一关，很厉害呀！”

铁头笑嘻嘻地说：“嘻嘻，王聪聪，看在我们是同班同学的分儿上，你可要手下留情啊！”

王聪聪说道：“那可不行！我王聪聪一向铁面无私。米小圈、铁头，请听题。”

答题

第二关

第19题

什么数字最听话？

答案

100，因为百依百顺。

你答对了吗？

第20题

什么动物会开汽水瓶？

答案

孔雀，因为孔雀开屏（开瓶）。

你答对了吗？

第21题

为什么拿破仑的字典里没有一个“难”字?

答案 他的字典是法文的，所以上面没有汉字。

你答对了吗？

第22题

姜小牙爸爸去商场买东西，尽管柜台都是空的，但他还是买到了需要的东西。你知道他买的是什么吗？

答案

他买的就是柜台。

你答对了吗？

第23题

赌什么东西没有输赢?

答案

赌气。

你答对了吗？

第24题

猴子每分钟能掰一个玉米。在果园里，一只猴子五分钟能掰几个玉米？

答案

零个，因为果园里没有玉米。

你答对了吗？

第25题

一个口是“口”字，两个口是“吕”字，三个口是“品”字，那十个口是什么？

答案

古。

你答对了吗？

第 26 题

小猫前面有一头牛，左边有一只虎，右边有一条狗，请问后面有什么？

答案

尾巴。

你答对了吗？

第 27 题

为什么米小圈能一连 10 个小时都不眨眼睛？

答案

他在睡觉。

你答对了吗？

第28题

米小圈家的屋顶为什么有时候漏雨，有时候不漏雨？

答案 下雨天才漏雨，
晴天当然不漏雨。

你答对了吗？

第29题

一物生得真古怪，腰里长出胡子来，拔掉胡子剥开看，露出牙齿一排排。（打一植物）

答案

玉米。

你答对了吗？

第30题

什么东西越剪越大？

答案

破洞。

你答对了吗？

第31题

美丽的公主结了婚之后，再也不用挂蚊帐了。为什么？

答案

她嫁给了青蛙王子。

你答对了吗？

第32题

天空突然下起了暴雨，在田里劳作的人纷纷避雨，却有一个人依然在原地不动，请问他是谁？

答案

稻草人。

你答对了吗？

第33题

拿什么不用手？

答案

拿主意。

你答对了吗？

第34题

什么竹子不长在土里？

答案

爆竹。

你答对了吗？

第35题

弟兄六七个，围着柱子坐，大家一分手，衣服全扯破。（打一植物）

答案

大蒜。

你答对了吗？

第36题

什么水果最老实?

答案

芭蕉，因为老实巴交（芭蕉）。

你答对了吗？

第37题

用什么可以解开所有的谜？

答案

答案。

你答对了吗？

第38题

笑和哭有什么相同之处？

答案

笔画总数都是十画。

你答对了吗？

第二关过后

还好，还好，王聪聪虽然铁面无私，但是出的脑筋急转弯题并不算太难，我们又一次全都答了出来。

王聪聪说道：“米小圈、铁头，恭喜你们，只剩下最后一道题了。前面的题的确不够难，可这一题，你们一定要想好了。”

“好吧，请出题。”

“红大门，白门槛，里面住个小儿郎。打一人体部位。”

“嘿嘿。”王聪聪刚出完题，铁头却嘿嘿地笑了：“这道题比前面的还简单呢！”

“铁头，你猜出来了？”我一脸不相信地问。

“当然猜出来了，我猜是花生对不对？你看花生仁像不像个小儿郎。”

我赶快阻止铁头：“铁头，打一个人体部位，不是打一个吃的东西。”

铁头自圆其说道：“我把花生仁吃了不就变成我身体的一部分了吗？”

“哪部分？”

“和我的胃融为一体了，它当然就是胃的一部分了。”

王聪聪听完，忍不住笑了起来：“铁头，你太有意思了，哈哈哈哈……”

这时，我看见王聪聪的小白牙，突然想到了答案。

“王聪聪，别笑了。答案就是嘴，对不对？”

王聪聪说：“没错！你是怎么想到的？”

我指着王聪聪的牙齿，对他说：“你看你的牙齿多

像白门槛啊！”

“好了，你们快去下一关吧！”

我们告别了王聪聪，来到最后一关。这一关由名侦探社团的团长何毕亲自守关。

何毕一本正经地说：“你们两个虽然闯过了两关，但不要得意得太早了。我这一关可没那么简单了。”

“你们名侦探社团的人每次都这么说，结果我们还是答对了。”

“哼！你们两个，请听题。”

答题

第三关

第39题

小明今年十二岁，为什么只过了三次生日。

答案　因为他的生日是2月29日。（只有闰年有2月29日）

你答对了吗？

第40题

公鸡去照相馆，拍不了什么照片？

答案

免冠照片。

你答对了吗？

第41题

什么饼不能吃?

答案

铁饼。

你答对了吗？

第 42 题

什么话可以世界通用?

答案

电话。

你答对了吗？

第43题

有两对母女到餐厅吃饭，每人各点了一份 70 元的套餐，付款时却只付了 210 元，为什么？

答案 因为她们是祖孙三代：姥姥、妈妈、女儿。

第44题

米小圈手里拿着两个碗，没拿稳，两个碗都掉到了地上。为什么一个摔破了，而另一个完好无损？

答案 一个碗是瓷的，另一个碗是铁的。

你答对了吗？

第45题

小明和小强是同学，住在同一栋楼里，总是一起上学，可他们每天一出家门就一个向左走，一个向右走，为什么？

答案

他俩的家门对门。

你答对了吗？

第46题

你在学校学到的知识越多，什么就越少？

答案

不知道的就越少。

你答对了吗？

第 47 题

冬天穿毛衣时会有静电，为什么夏天没有？

答案

因为夏天不穿毛衣。

你答对了吗？

第48题

一辆车从几十米高空掉下去，大家吓得够呛，最后却安然无恙。这是为什么？

答案

这辆车是过山车。

你答对了吗？

第 49 题

一头牛加一捆草等于什么？

答案

一头牛，因为牛把草吃了。

你答对了吗？

第 50 题

汽车在向右急转弯时，哪一个轮胎不转？

答案

备胎。

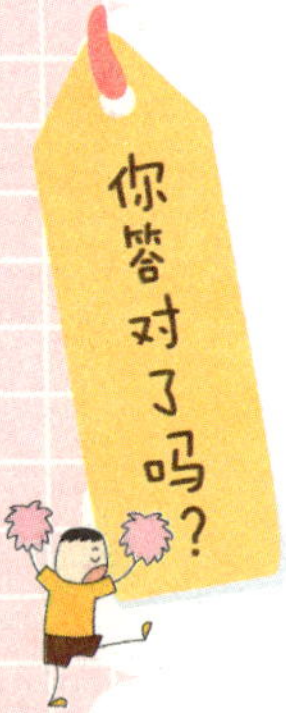

第51题

一个手无寸铁的人钻进了老虎笼里，他为什么太平无事？

答案

老虎在外面。

你答对了吗？

第 52 题

在吃早餐时从来不吃的是什么？

答案

午餐和晚餐。

你答对了吗？

第53题

小白长得很像哥哥。（打一成语）

米小圈脑筋急转弯

答案

真相（像）大白。

第 54 题

小白加小白等于什么？（打一动物）

答案

小白兔（two）。

你答对了吗？

第55题

小白兔天天去钓鱼，为什么就是一条也钓不到？

答案

因为它总是拿胡萝卜当鱼饵。

你答对了吗？

第56题

黑白颜色组成的马，除了斑马，还有什么？

答案

二维码（马）。

你答对了吗？

扫码关注我哟！

第三关后

团长何毕这一关的题的确很难，可我们还是都答了出来。

何毕说：“恭喜你们，我手里的题你们全部都答对了。”

铁头说：“那就快把礼物拿出来吧！”

“没问题，礼物就在这个密码箱里，但能不能拿到就看你们的本事了。”何毕指了指身旁的箱子。

我和铁头来到箱子面前，发现这个箱子上有一个密码锁，而箱体上写着一句话：一闪一闪亮晶晶。我们只有破解了这句话，才能知道密码是什么。

铁头在一旁说："破解什么呀！根本不用那么麻烦，我去拿锤子。"

何毕阻止道："这位同学，你要是破坏这个箱子，我就取消你的比赛资格。"

铁头想用体力代替智力，这一招显然行不通了。我俩只好开动起了脑筋。

“一闪一闪亮晶晶，到底代表着什么密码呢？”我左思右想着。

铁头催促道：“米小圈，你快点儿想啊，快来不及了。”

“铁头，别光让我一个人想，你也赶紧想一想。”

“密码我是想不出来了，不过这首歌我倒是会唱。”说着铁头唱起了歌，“一闪一闪亮晶晶，满天都是小星星……”

我快被铁头气死了，都什么时候了还唱歌！等一下，唱歌？难道“一闪一闪亮晶晶”这句歌词的旋律就是密码？

“铁头，铁头，你快告诉我，这句歌词的旋律是什么？”

“是哆哆唆唆啦啦唆。”

“明白了。翻译成简谱就是1155665。”

1 1 | 5 5 | 6 6 | 5 –

一 闪 一 闪 亮 晶 晶

我将这串数字输入密码锁，箱子一下子开了。我们特别兴奋，击掌庆祝。

“铁头，你太棒了！”

“那当然！”铁头仰起头，得意极了。

我们小心翼翼地打开箱子，猜想里面一定是一整套的漫画书。当看到箱子里面的东西时，我们惊呆了，竟然是……竟然是……竟然只是两根棒棒糖！

何毕走过来，说道：“恭喜你们，居然把我精心设计的密码给破解了。”

“这是在逗我们吧！不应该是一整套的《推理之王》漫画书吗？”我问道。

何毕说道：“你们的速度太慢了。已经有人在你们前面打开箱子了。”

这时，一个个子很高的同学从我们身边路过，手里抱着一整套《推理之王》漫画书，轻蔑地说：“嘻嘻，你们脑筋转得太慢了，我十分钟前就破解了箱子的密码。”

哼！这个家伙，竟然被他捷足先登了。好吧，获得棒棒糖也比什么都没有强。

我回过头，只听铁头说道：“米小圈，对不起，你可能什么都没有了。”

我定睛一看，铁头竟然把两根棒棒糖都塞进了嘴里。

“铁头，你太过分了，把棒棒糖还给我！”

图书在版编目(CIP)数据

密码大发现 / 北猫编著. —成都：四川少年儿童出版社，2020.6（2021.5 重印）

（米小圈脑筋急转弯）

ISBN 978-7-5365-9375-6

Ⅰ. ①密… Ⅱ. ①北… Ⅲ. ①智力游戏—儿童读物 Ⅳ. ①G898.2

中国版本图书馆 CIP 数据核字（2020）第 071389 号

出版人 常 青

策 划 明 琴
责任编辑 明 琴 王姝蕊
封面设计 李乐欣
责任校对 张舒平
责任印制 王 春

MIMA DA FAXIAN

书 名	密码大发现
编 著	北 猫
出 版	四川少年儿童出版社
地 址	成都市槐树街 2 号
网 址	http://www.sccph.com.cn
网 店	http://scsnetcbs.tmall.com
经 销	新华书店
图文制作	喜唐平面设计工作室
印 刷	四川华龙印务有限公司
成品尺寸	170mm × 150mm
开 本	24
印 张	6
字 数	120 千
版 次	2020 年 6 月第 1 版
印 次	2021 年 5 月第 15 次印刷
书 号	ISBN 978-7-5365-9375-6
定 价	16.00 元

密码大发现